AF339567

ÉLOGE HISTORIQUE

DE

RAYMOND VERNINAC,

PRÉFET DU DÉPARTEMENT DU RHONE,

PRONONCÉ, LE 29 MAI 1826,

DANS LA SÉANCE PUBLIQUE DE L'ACADÉMIE ROYALE DES
SCIENCES, BELLES-LETTRES ET ARTS DE LYON,

Par J.-B. Dumas,

SECRÉTAIRE-PERPÉTUEL.

LYON,

IMPRIMERIE DE J. M. BARRET, PLACE DES TERREAUX.

M. DCCC. XXVI.

ÉLOGE HISTORIQUE

DE

RAYMOND VERNINAC,

PRÉFET DU DÉPARTEMENT DU RHÔNE.

MESSIEURS ,

L'académie de Lyon manquerait à ses obligations , elle se rendrait coupable d'une noire ingratitude , si elle ne s'acquittait pas, envers M. Verninac, d'un hommage dû à la mémoire de chacun de ses membres. M. Verninac a rétabli l'académie ; il l'a dotée , il a remis à flot son vaisseau démâté ; il a su appeler dans ses voiles le souffle de la faveur publique , si nécessaire à toute institution. C'est à ses sages assurances qu'elle devra les succès d'une navigation de long cours. Et puisque j'ai manœuvré sous ses ordres dans une traversée plus périlleuse encore que la carrière littéraire , je remplirai notre devoir académique avec une double satisfaction.

Raymond Verninac de Saint-Maur naquit à Cahors , en 1762. Il fut élevé au collége de Brives-la-Gaillarde , si l'on en croit une lettre , qu'étant préfet du Rhône et président de l'académie de Lyon , il reçut de l'abbé Sicard: « Votre nom , lui disait le respectable instituteur » des Sourds-Muets, a réveillé dans mon ame les plus

» touchans souvenirs. J'ai enseigné dans ma jeunesse les
» humanités au collége de Brives, en Limousin, et j'avais,
» au nombre de mes disciples, un jeune homme char-
» mant, de votre nom, qui donnait les plus heureuses
» espérances : vous les avez réalisées. Pourquoi ne serait-
» ce pas vous ? Et dans ce cas, jugez de ma satisfaction,
» de me voir appelé dans le sein d'une société savante,
» dont un de mes plus chers élèves serait le président. »
M. Verninac vint à Paris, jeune encore, et s'y fit connaître par quelques pièces de vers que publièrent les jour-
naux et les almanachs littéraires. Elles ont été sans doute
réunies dans le *Recueil de poésies* cité par la Biographie
des hommes vivans. Le poète embrassa la cause de la révolution, je veux dire de la liberté. Il y a, dans ce mot
de liberté, quelque chose de si harmonieux pour l'oreille
d'un enfant des muses (1) !

Le 1.er juin 1791, M. Verninac fut envoyé par Louis
XVI, en qualité de commissaire-médiateur, avec Lescène-Desmaisons et l'abbé Mulot, pour apaiser les trou-
bles du Comtat Venaissin. Leurs efforts eurent d'abord
du succès ; ils comprimèrent pour quelque temps la fu-
reur des partis, mais après leur départ elle n'éclata
qu'avec plus de violence, et l'on en connaît les suites
affreuses. Le rapport fait par M. Verninac, à l'assemblée constituante (A), le 12 septembre, prouve que les
commissaires, divisés d'opinion sur les causes des trou-
bles, n'avaient pas eu les moyens d'y mettre un terme.
Dans le chaos politique où l'on se trouvait alors, eussent-
ils été animés par cette unité de vues si nécessaire en

---

(1)   *O Freyheit,*
      Silberton dem ohre !
            KLOPSTOCK.

administration , peut-être n'auraient-ils pu prévenir , vu la disposition des esprits et des choses , une trop funeste explosion. La conclusion à tirer des horreurs de la révolution, c'est une vive sollicitude pour la conservation des biens que nous avons achetés si cher et que la Charte nous garantit.

Nommé ministre de France en Suède , dans le mois d'avril 1792, M. Verninac arriva à Stockholm, le 16 mai, deux jours après les funérailles de Gustave III. « Quoique la mort de ce prince, dit un biographe, eût rendu la nouvelle cour de Suède plus favorable à la révolution française, M. Verninac n'y fut pas bien accueilli, et il n'y fit pas une longue résidence. Le scandale que causa en Europe l'arrivée, à Paris, du baron de Staël ; six semaines après la mort de Louis XVI, obligea la France et la Suède à rappeler respectivement leurs ministres , et M. Verninac passa , en 1795 , à la Porte Ottomane, avec le titre d'envoyé extraordinaire. »

Il fit son entrée à Constantinople le 26 avril. N'ayant ni la volonté , ni le pouvoir de sonder les profondeurs diplomatiques à l'occasion de l'ambassade , je fixerai légèrement votre attention sur quelques innovations remarquables introduites par l'ambassadeur à son arrivée et pendant son séjour. Je cite ces faits avec d'autant plus de confiance qu'ils sont uniformément constatés par tous les écrits historiques, par toutes les biographies, et que plusieurs de nos compatriotes vivans en ont souvent entendu le récit de la bouche même de M. Verninac. Lors de sa première audience , il se fit précéder d'une musique militaire ; escorté d'un détachement de troupes françaises, la baïonnette au bout du fusil , il pénétra avec elles jusques dans la seconde cour du sérail , où elles présentèrent les armes au grand Visir et aux autres membres du divan ; ce qui ne s'était jamais vu. Il y a là, Messieurs, quelque chose de ce faste guerrier qui a toujours charmé notre nation. Et puisque malheureusement, d'après une politique qu'on rougit d'avouer, il ne nous est pas donné de faire briller nos armes françaises à la défense des Grecs (B) contre les Turcs, je suis bien aise qu'une fois du moins, on ait été ébloui, dans le fond du sérail, par l'éclat de nos baïonnettes. Il vous souvient, Messieurs, avec quelle délicieuse émotion un illustre pélerin entendit, dans les déserts de Jérusalem, les petits Arabes s'écrier : *En avant, marche !*

Notre ambassadeur n'eut pas moins de satisfaction à faire résonner la musique de France aux oreilles des Sultanes et des Odalisques. Mais on fut frappé en Europe d'une innovation bien plus importante. Il fut le premier étranger qui fit imprimer et distribuer, à Constantinople, une gazette écrite dans sa langue maternelle. Ces gazettes qui, comme la lance du héros de Michel Cervantes, redressent quelquefois des torts qui n'existent point, ces gazettes, légers enfans d'un jour, si riches en méprises plaisantes, en attaques inconsidérées, en exagération de tout genre, dont le bourdonnement excitatif peut être incommode à l'administrateur, n'en sont pas moins, dans les états libres, l'égide la plus forte, le remède le plus prompt contre l'arbitraire, l'oppression et l'iniquité. Si la gazette de l'envoyé français eût subsisté jusqu'à nos jours en Turquie, d'autres papiers publics auraient circulé avec elle chez les Musulmans ; ce peuple ignare aurait fini par apprendre à lire ; l'empire ottoman ou du moins le gouvernement de cet empire aurait progressivement changé de face, et le monde n'aurait pas gémi des horreurs de Chio et de Parga. Qu'elle serait précieuse pour l'humanité l'innovation qui introduirait, chez les sectateurs de Mahomet, l'art et l'usage fréquent de l'imprimerie, ce puissant instrument de civilisation, ce gage de liberté, de bonheur, de raison publique, cette source unique et intarissable des jouissances de l'esprit!

Enfin, Messieurs, une autre circonstance singulière dans l'ambassade de M. Verninac, c'est que le grand Visir lui donna le titre de citoyen; et comme le mot ne pouvait pas être traduit, parce qu'il est inconnu en Turquie, où il n'est le signe d'aucune idée, on fut obligé de le prononcer en français. On a bien abusé de l'emploi de ce nom dans notre république éphémère et sanglante; mais le bon citoyen a toujours obtenu notre estime, et le grand citoyen, notre vénération. Ce n'est pas sans raison que le concordat de 1801 permettait de donner un titre aussi honorable aux évêques (c), qui doivent être les premiers et les plus précieux citoyens de l'état.

Dans le cours de sa mission d'une année, M. Verninac notifia à la Porte, le traité de paix avec la Prusse; il fit reconnaître la république française, et il détermina l'envoi d'un ambassadeur permanent à Paris, dans la personne de Seid-Aly-Effendi, que nous avons vu à Lyon, où quelques honneurs lui furent rendus; mais il ne put réussir à faire entrer le Grand-Seigneur dans une alliance avec la France, malgré ses conférences avec les ministres de Suède et de Prusse. Il fut traversé par tous les autres ambassadeurs, surtout par ceux de Russie et d'Angleterre. Il sollicita son rappel, fut remplacé par Aubert-Dubayet, et quitta Constantinople dans les premiers jours de novembre 1796.

Arrêté à Naples et gardé à vue pendant quelques mois,

il n'arriva en France qu'en mai 1797. Le 9 juin suivant, il fut reçu en grande audience par le directoire, auquel il présenta un étendard ottoman et un diplôme de Sélim III. Il avait été introduit par Charles Delacroix, alors ministre des relations extérieures, qui, peu de temps après, lui donna sa fille en mariage.

Nommé, en 1800, par le gouvernement consulaire, préfet du département du Rhône (D), il fut installé dans ces fonctions le 12 germinal an 8 (2 avril 1800). J'ai passé rapidement sur toutes ces missions politiques et diplomatiques où M. Verninac lui-même n'avait fait que passer ; mais je m'arrêterai plus long-temps sur la préfecture qu'il a remplie le premier dans nos contrées, avec un succès, je pourrais dire avec une splendeur, dont les effets ne sont pas détruits, dont la mémoire n'est pas effacée.

On a dit que, pour gouverner la France, il fallait une main d'acier avec des gants de velours. En ce temps-là nous avions bien la main, il nous manquait les gants. Il n'était pas reconnu, comme il l'est à présent, qu'un moyen de bien gouverner est de laisser la faculté de raisonner ou de déraisonner librement sur le meilleur des gouvernemens possibles. En effet, quand un homme avance pompeusement une sottise politique, il est tout fier ; il se pavane dans sa gloire ; il sourit à sa pénétration ; il ne songe point aux murmures ; il a vu, il a cru voir, il a signalé quelque faute de l'autorité : de la hauteur où il s'est placé, il lève dédaigneusement les épaules, et c'est par sa vanité même qu'on le pousse sans effort dans la soumission à la loi.

Nous ne jouissions pas alors de la faculté de tout dire. La France semblait partager l'avis d'un poète anglais. Pope soutient qu'il appartient à des imbécilles de disputer sur les formes du gouvernement et que le meilleur est celui qui est le mieux administré :

For forms of government let fools contest,
That which is best administred is best.

Il y a dans cette proposition une contradiction évidente, une espèce de *non-sense* ; à moins que l'auteur n'ait voulu dire qu'en toute nature de gouvernement, la partie la plus essentielle est une bonne administration. Dans ce cas, il a raison. Rien n'intéresse plus le citoyen que la régularité, l'équité, la bienveillance d'une administration qui, à chaque instant, le touche par tous les points de son existence. Et l'on doit convenir que, sous le consulat, la sagesse de l'administration cicatrisa beaucoup de blessures et ouvrit à l'espérance un vaste horizon. Louis XVIII en savait gré à Bonaparte. On vit renaître l'ordre et la confiance, les partis se confondirent, les élémens de la prospérité générale s'étaient épurés pendant l'orage, tous les germes de bien public avaient été fécondés par la chaleur des discussions. Une administration prudente, active et ferme en assura le développement. La société ébranlée retrouva ses bases. Alors, déblayant nos ruines dans une carrière qui s'embellissait, l'administrateur s'avança d'un pas assuré et le visage découvert. Point de coterie particulière auprès de laquelle il fallût prendre langue ; point d'espionnage, point de délation à craindre ; point de mine et de contre-mine prête à vous faire sauter. Pourvu qu'un préfet marchât dans la voie qui lui était tracée, il ne pouvait tomber. Le bras de fer était là pour le soutenir. Mais il fallait adoucir, tempérer, mitiger la roideur de l'autorité suprême, et tâcher de faire aimer cette autorité pour la faire reconnaître , pour la consolider et pour l'étendre. La plupart de MM. les préfets s'acquittèrent à merveille de cette mission : ils furent , dans le principe , les complices de la gloire militaire pour bien asservir notre patrie, et la patrie s'y prêtait en attendant mieux.

Il faut placer M. Verninac au premier rang des coupables en ce genre. A Lyon , que de malheurs à réparer ! que d'injustices à faire oublier ! que de bien à faire ! Le nouvel administrateur accomplit dignement sa tâche. Affable , prévenant , d'un accueil réservé , mais pourtant facile , écoutant les plaintes avec une constante sollicitude , entouré de supplications , il accordait avec empressement tout ce qu'il pouvait accorder, et par de sincères regrets il attachait sa bonté au refus même que la loi rendait nécessaire. Actif et grave , il portait la même attention à toutes les affaires : les grandes se recommandent d'elles-mêmes ; mais les affaires des particuliers exigent une force d'attention dont le public vous sait gré. Un air d'insouciance , de froideur ou de légèreté , l'indispose et le blesse au cœur : car chacun place au-dessus de tout, ses griefs , ses droits et ses prétentions. Le préfet n'avait pas , comme un trop grand nombre de fonctionnaires , la triste habitude d'humilier , de ravaler ses subordonnés et ses inférieurs ; au contraire , il les relevait et s'élevait avec eux , comme par un piédestal habilement disposé , on augmente , à tous les yeux , le prix d'un monument des arts. Si cette bienveillance n'avait pas été naturelle , elle aurait pu s'attribuer à un esprit de conduite sage et bien calculée. M. Verninac montrait , dans le ton et les manières , une dignité , une noblesse soutenue , qui n'excluaient ni l'aménité , ni la grâce , mais qui étaient d'autant plus remarquables alors qu'on avait eu, naguères, moins d'occasions de les remarquer. Par la même raison, les belles fêtes qu'il donnait paraissaient plus brillantes encore ; et l'on vit renaître en lui l'homme de cour, lorsqu'il eut le singulier emploi de faire ici les honneurs de la république française, à un Bourbon, Louis I.er roi d'Etrurie (E). Le préfet n'allait pas loin chercher un des principaux ornemens de ses fêtes : c'était Madame Verninac elle-même, douée d'une taille majestueuse et d'une grande beauté (1).

La beauté, cet heureux privilége, qu'on a si ingénieusement nommée la noblesse de la nature, a quelque chose de doux et d'imposant à la fois, qui dispose les hommes à la conciliation, à l'ordre, à la bonne harmonie, à la soumission. Il me semble impossible qu'un groupe de jolies femmes excite jamais une commotion populaire. Mais les attraits de la figure, la mélodie de la voix, l'expression du regard, le charme de la parole, organe d'une ame sensible, calmeront bien des fureurs, rapprocheront des cœurs aigris, consoleront l'infortune, inspireront des sentimens nobles, généreux, affectueux, et servant d'appui et d'interprète à la morale, contribueront à resserrer les liens de la société. Si M. Verninac, dans des temps difficiles encore, eut le bonheur de trouver ainsi, dans sa jeune compagne, quelques moyens de concourir à la bonté de son administration, m'accusera-t-on de manquer à la gravité historique, en rendant, par occasion, un juste hommage à la puissance de la beauté ?

Quant aux actes administratifs du préfet, vous n'attendez pas, Messieurs, que je vous en fasse ici le tableau

______

(1) Son portrait a été peint par David.

complet. A peine installé (1), il régularise l'autorité municipale dans tout le département (2) ; il rétablit ensuite la garde nationale (3) ; il organise l'octroi municipal et de bienfaisance (4), source abondante des revenus de la ville ; il fonde le quai de communication entre le pont du Change et le quai de la Baleine (F) (5) ; il donne des soins au jardin botanique (6) ; il crée une chaire de chimie, une école de dessin pour la fleur (7) ; ami des arts et de l'humanité, il arrête qu'une bibliothèque à l'usage des élèves en chirurgie, un cabinet d'anatomie et deux cours de clinique médicale, seront formés à l'hospice des malades (8) ; il nomme les gens de l'art les plus distingués, MM. Pitt, Petit et Tissier, nos confrères, pour constater, au besoin, la réalité des décès présumés et les causes des décès, lorsque ces commissaires en seront requis ; et pour multiplier les bienfaits en immortalisant les bienfaiteurs, il fait placer, dans les cours de l'hospice de la charité, des tables en marbre noir sur lesquelles sont gravés les noms de ceux qui ont doté cette maison des pauvres (9).

« M. Petit, profondément affecté de la négligence qu'on

---

(1) M. Verninac présenta ses pouvoirs à l'administration centrale le 11 germinal an 8 (1.er avril 1800). Il fut installé, en séance publique, le 20 du même mois (10 avril 1800).

(2) Arrêté du 15 prairial an 8 (4 juin 1800) et autres.

(3) 4 messidor an 8 (23 juin 1800).

(4) 19 messidor an 8 (8 juillet 1800).

(5) 5.e jour complémentaire de l'an 8 (22 septembre 1800).

(6) 21 brumaire an 9 (12 novembre 1800).

(7) 4 thermidor an 9 (23 juillet 1801).

(8) 5 thermidor an 9 (24 juillet 1801).

(9) 27 prairial an 9 (16 juin 1801), 9 brumaire an 9 (31 octobre 1800).

» apportait à constater les décès, de l'indécence des trans-
» ports et des inhumations, réclama, avec l'accent de la
» douleur, les droits de la nature, de la morale et de
» l'amitié. Sa voix ne retraça pas inutilement de graves
» abus. En attendant le rétablissement de la religion de
» l'état et des autres cultes pratiqués par les Français, il
» s'agissait de ramener les hommes à des habitudes hon-
» nêtes, aux sentimens dont le cœur se remplit le plus
» aisément, et qui, dans la Chine, portent un enfant à
» se vendre, pour subvenir aux obsèques de son père ou
» de sa mère. M. Petit avait joint à son mémoire un
» projet contenant, avec le plus grand détail, les moyens
» de rendre aux sépultures le caractère qui leur convient.
» Deux mois ne s'écoulèrent pas sans que ce travail obtînt
» son effet et sa récompense. Un arrêté du préfet (1) en
» consacra les principales dispositions qui s'observent en-
» core, en établissant, pour l'acte funéraire, des règles
» d'ordre et de bienséance, conformes aux idées morales
» et propres à satisfaire la piété des familles. Cet arrêté,
» reçu avec transport par toutes les classes de citoyens,
» fut réuni dans vos archives au rapport de M. Petit,
» comme un gage certain de l'heureuse alliance qui devait
» subsister désormais entre l'administration et la saine
» philosophie, et s'il est permis de le dire aussi, comme
» un témoignage honorable de la sage influence des corps
» littéraires sur l'autorité bienveillante et paternelle (2). »

Le temps me manquerait, Messieurs, pour la seule énu-
mération de toutes les bonnes mesures que prit le préfet
Verninac, de toutes les restitutions de biens qu'il opéra,

---

(1) 9 prairial an IX (29 mai 1801).
(2) *Histoire inédite de l'académie de Lyon.*

de toutes les radiations de la liste des émigrés (G) qu'il fit prononcer, de toutes les faveurs qu'il accorda, de tous les bienfaits qu'il répandit. Je ne veux plus citer que deux traits principaux: la pose de la première pierre des façades de Bellecour et la restauration de l'académie.

Le premier consul, revenant de Marengo, posa la première pierre des façades, à l'angle nord-ouest de la place (H), le 10 messidor an 8 (29 juin 1800). On donna un grand appareil à cette cérémonie si chère à l'antique Lyon. Ce fut un véritable jour de fête. Levant la tête au-dessus de ses ruines, la cité rejetait son habit de deuil ; elle secouait les haillons de sa misère pour reprendre son vêtement de gloire. Il était juste que le préfet fît des remercîmens au premier consul: après les complimens obligés, mais naturels, adressés au grand homme, qui alors faisait de grandes choses, c'est-à-dire, des choses utiles, M. Verninac s'écriait: « Sous ces grands auspices, sors de tes ruines, intéres- » sante et malheureuse cité, que la haine de nos ennemis » avait désignée à la folie barbare des destructeurs ! Re- » nais plus brillante que jamais, fille de Minerve ! que » tes monumens, nobles fruits de ton industrie et de ton » travail, étonnent de nouveau le voyageur ! »

Il y eut ce jour-là réunion des fonctionnaires à la préfecture. Je mentionne cette circonstance pour servir d'introduction à un fait historique qui n'est pas indigne d'être publié (J). A la fin du repas, le premier consul rappelait qu'étant lieutenant, il avait fait partie d'un détachement de troupes venu à Lyon pour apaiser une émeute d'ouvriers. Eh bien, lui dit un magistrat, (c'était le commissaire du gouvernement près le tribunal civil) (1),

---

(1) M. Boissieux, père.

puisque vous connaissez la ville, vous savez qu'elle est toute industrielle et manufacturière : pour prospérer, elle a besoin de la paix ; vous devriez la donner à nos ennemis. -- S'ils veulent nous faire trop petits, interrompit le consul. -- Mais il ne faut pas vouloir nous faire trop grands, reprit vivement le magistrat. Réponse hardie et sensée ! conseil salutaire ! Plus d'une fois, sur le rocher de Ste-Hélène, Bonaparte a pu se repentir de ne l'avoir pas suivi. En citant cette anecdote, j'ai voulu prouver que dès long-temps le guerrier, dominateur de l'Europe, avait été averti par les bons esprits, des dangers d'une ambition sans règle comme sans mesure, et des entreprises sans fin.

Pour constater l'époque de la réédification des façades, le préfet composa et fit frapper une médaille, au nom des Lyonnais reconnaissans. Cette médaille fut gravée par Mercié (K).

Vous me permettrez bien, Messieurs, d'emprunter quelques passages à l'histoire inédite de l'académie de Lyon (L), pour vous rappeler les soins empressés et soutenus que mit M. Verninac à la restauration de cette compagnie.

» Paris, qui donne en tout l'exemple, avait recréé une grande partie de ses bonnes et utiles institutions : Lyon en fit autant. On vit se rétablir, à diverses époques, la société de médecine, la société d'agriculture et d'histoire naturelle, et plusieurs associations particulières plus ou moins circonscrites dans leur objet.

» Mais de toutes parts on désirait un centre de communication qui offrît les mêmes avantages que l'ancienne académie, en réunissant, par une heureuse alliance, les littérateurs, les savans et les artistes. On avait senti généralement qu'il manquait en cette ville, la seconde de la France sous le rapport de sa population et de ses richesses, et la première sous celui de l'industrie, un foyer de lumières propre à éclairer les divers domaines de l'esprit humain et à servir de noble encouragement à ceux qui les cultivent. Ces considérations, ce vœu public, déterminèrent M. Raymond Verninac à rassembler auprès de lui un grand nombre de personnes qui s'intéressaient à un établissement aussi important, afin de les consulter sur les moyens de le fonder.

» Cette réunion d'hommes instruits eut lieu à l'hôtel de la préfecture, rue Boissac, le 24 messidor an VIII (13 juillet 1800). M. Verninac leur parla en ces termes :

» Lorsqu'une destinée dont je m'honore, m'eut placé
» au milieu de vous, mes regards se portèrent doulou-
» reusement sur ces ruines accusatrices qui obstruent des
» places où s'élevaient autrefois des édifices majestueux :
» je vis la dégradation de vos quais magnifiques ; je com-
» patis à vos fontaines, veuves du dieu qui entretenait
» leurs ondes ; je pleurai la disgrâce de tous vos monu-
» mens. Vos ateliers renversés ou languissans affligèrent
» aussi ma vue. D'autres ruines encore fatiguèrent mon
» ame. Votre cité possédait une académie célèbre : j'en
» contemplai avec chagrin les débris épars et mutilés. La
» paix, la bienveillance du gouvernement, le génie pro-
» pre aux habitans de cette contrée favorisée, feront dis-
» paraître les débris que j'ai d'abord signalés ; n'ajour-
» nons point le rétablissement des autres. C'est dans cette
» vue, citoyens, que je vous ai réunis auprès de moi.
» Vous sentirez qu'il convient aux savans, aux littéra-
» teurs, aux artistes, de donner le signal de la recons-
» truction ; d'entendre, les premiers, les sons de la trom-

» pette qui annonce la résurrection , et de se relever du
» tombeau avant tout autre. Lorsque celui qui est sous
» le voile , donnant une compagne à l'homme , forma le
» le sein nourricier de cet être intéressant , destiné à ren-
» dre heureuse et à propager l'espèce humaine , il fit
» tout à la fois un chef-d'œuvre d'utilité et de beauté.
» Sciences , lettres et arts , quelle leçon pour vous que cet
» exemple! Créer , orner ce qui est utile , voilà sans doute
» votre but. Si telle est , en effet , leur mission , n'aurez-
» vous rien fait , citoyens , pour l'industrie de cette ville ,
» en la devançant dans la carrière de la régénération ?
» Un ami de l'humanité , fouillant un jour une terre
» sacrée , dépositaire des débris des arts de la Grèce , dé-
» couvrit une tête toute divine ; bientôt après s'offrent à
» lui des bras harmonieux ; ensuite , un buste d'une
» beauté ravissante : il réunit cesmembres épars , et nous
» avons l'Apollon du Belvédère. Citoyens, je suis cet heu-
» reux investigateur. Dans le plan de rétablissement de
» votre ancien athénée , que je vais vous soumettre , je
» vous proposerai d'abord , comme membres nécessaires ,
» le restes précieux de l'ancienne académie. Ainsi qu'elle ,
» l'Apollon avait été mutilé ; il avait éprouvé des pertes ;
» les talens les plus distingués furent appelés à lui ren-
» dre son ensemble. De même , je vous désignerai , pour
» compléter l'athénée , des hommes que l'opinion publi-
» que m'a indiqués. La réputation dont ils jouissent , a
» été pour moi un titre respectable et que vous accueil-
» lerez sans doute. C'est donc avec confiance que je vous
» présente , en vous offrant les principes suivans de votre
» institution , les hommes dont j'ai fait choix pour la
» composer et que je vais vous faire connaître.
« Les vues du préfet furent unanimement accueillies

par les savans, les littérateurs et les artistes rassemblés auprès de lui. En conséquence, il rendit, le même jour, un arrêté que le gouvernement approuva et d'après lequel l'académie de Lyon reprit son existence sous le nom d'*athénée*. »

M. Verninac, nommé président (m), employa tous les moyens de donner à la compagnie renaissante le mouvement qui prouve la vie. Il doubla le prix (n) proposé pour l'an IX, sur les substances indigènes propres à la teinture ; il fit les fonds de la première couronne déposée sur le front de M. Millevoie, et la France eut un poète de plus. On lui dut la fondation de rentes en tiers consolidé. Aucun détail d'administration intérieure n'échappait à sa vigilance (o). Lorsque, sur le rapport de M. Rambaud, l'académie fit valoir, pour la restitution de la bibliothèque Adamoli, des droits que, vingt-quatre ans plus tard, M. le baron Rambaud lui-même a fait triompher (p), le préfet promit de les appuyer de tout son pouvoir. Ainsi, disait alors un des secrétaires, M. Roux, l'athénée succédant à l'académie, jaloux de l'imiter dans son zèle pour le progrès des sciences, jouira des mêmes avantages, et se rappellera avec sensibilité qu'il les doit encore à l'administrateur, élève des Muses, qui releva leur temple en reconnaissance de leurs faveurs.

En effet, l'administrateur, homme de lettres, ne se bornait pas à l'activité de ses soins ; il encourageait aussi par ses talens l'essor de l'académie. Deux séances publiques (1) furent présidées par lui : dans la première, il lut un précis historique du rétablissement de l'athénée ;

---

(1) 20 thermidor an VIII (8 août 1800), 24 messidor an IX (13 juillet 1801).

dans la seconde, M. Petit lui dédia un de ses chants sur la médecine du cœur (1). Une épître en vers (2) d'Héloïse à Abailard, imprimée en 1813 (2), un poëme sur Chantilly et un voyage à la côte de Troie (n), d'une prose fort élégante, furent communiqués par M. Verninac dans des assemblées particulières.

Il avait publié, en 1786, une *Oraison funèbre de Louis-Philippe, duc d'Orléans*, et en 1790, des *Recherches sur les cours et les procédures criminelles d'Angleterre, extraites des commentaires de Blackstone sur les lois anglaises.* Ce dernier ouvrage est une compilation. Vous savez que, pour les recueils de ce genre, il ne faut que de la mesure et du goût. Je ne puis vous dire mon opinion sur l'oraison funèbre ; je ne suis point parvenu à me la procurer.

Mais une production plus importante pour l'étendue et le sujet, qui fut publiée à Lyon, sans avoir été présentée à l'académie, c'est la *Description physique et politique du département du Rhône* (3). L'auteur n'a pas habité quinze mois nos contrées, et il en a composé la statistique. Cet ouvrage a paru sans doute un peu superficiel : ce n'est pas une grande machine pittoresque ; c'est une esquisse légère, d'un dessin facile et pur ; c'est un tableau de genre. Les tableaux d'histoire à cet égard sont des in-4.° surchargés de chiffres et de minuties, bien épais, bien lourds, bien indigestes et bien inutiles. On peut lire la statistique de M. Verninac ; on la lit même

---

(1) C'est la première épitre de l'*Essai sur la médecine du cœur.* Lyon, 1823, deuxième édition.

(2) A Paris, de l'imprimerie de L. G. Michaud, rue des Bons-enfans, n.° 34.

(3) Lyon, Ballanche et Barret, an IX, in-8.°

avec plaisir : double avantage dont sont privées la plupart des œuvres semblables. On trouve dans celle-là le caractère de l'esprit et du talent de l'auteur. Veut-il rendre une idée juste et profonde ? voyez avec quelle précision il l'exprime : « Le sceptre de l'industrie manufacturière » appartient au peuple qui créc avec moins de temps et » moins d'hommes. » Le préfet manifeste cette pensée en invoquant l'établissement d'un muséum de machines et d'un cours de mécanique. L'école de la Martinière doit répondre à ce dernier vœu ; mais il faut songer au muséum de machines (s).

S'agit-il d'accroître et d'améliorer dans notre pays les produits agricoles, de remplir d'un lait pur cette mamelle de l'état, comme disait Sully ? M. Verninac en indique plusieurs moyens, et il ajoute : « Tous ces succès » appartiennent à une agriculture active, encouragée par » une administration bienveillante et éclairée, par une » société de savans philantropes, dans un département » qui, par sa position intermédiaire entre le Nord et » le Midi, semble être destiné à devenir le point conci» liateur où les plantes et les semences de ces deux ré» gions déposeront leur antipathie respective et iront » ensuite se reproduire sous des températures où elles » auraient d'abord avorté. »

Enfin, Messieurs, ne trouvez-vous pas une grâce particulière de style, dans cette peinture du fortuné village d'Ampuis qui produit le vin de Côterotie ? « C'est » un angle de terre de peu d'étendue, formée des sédi» mens du Rhône, par conséquent très-légère et très» meuble, abritée au nord et à l'ouest par une colline. » La végétation la plus riche y témoigne des bienfaits » de la nature et des soins du cultivateur. On assure

» que les melons et les fruits à noyaux qui y mûrissent,
» suffisent seuls aux impositions. Heureux canton, où
» l'on peut satisfaire aux besoins du fisc, avec les dons
» de Flore et de Pomone, comme autrefois au culte facile
» des dieux ! »

L'auteur de la description du département du Rhône tranche en deux mots une de nos plus grandes difficultés historiques. « La ville de Lyon, dit-il, fut fondée par » Munatius Plancus, lieutenant de J. César, ami de » Cicéron et d'Horace, l'an 711 de Rome, pour servir » de retraite aux habitans de Vienne, chassés par les » Allobroges. » Il faut convenir que les Viennois n'ont pas porté bien loin leurs dieux Pénates. Lyon fut fondé tout juste en 711 (т). Mais on y frappait monnaie avant Plancus ; mais, nous dit-on, Plotius, né en 654 dans cette ville, en était sorti pour ouvrir à Rome une école de rhétorique en latin, et le grammairien Gniphon, autre Lyonnais, avait été le précepteur de J. César. L'histoire des temps anciens est pleine d'incertitude ; une ville comme Lyon ne se fonde pas en *impromptu*. M. Verninac fait lui-même une remarque judicieuse. Ceux qui eurent le projet insensé de détruire Lyon (v), ne détournèrent point les deux fleuves qui le baignent. C'est là le principe d'une fondation dont l'origine se perd dans la nuit des temps.

L'éclaircissement de ce point historique est, au reste, de peu d'importance. Quelques imperfections, quelques inexactitudes dans le travail du préfet sont aussi des taches bien légères, vu la célérité avec laquelle il rassembla les matériaux et construisit l'édifice. On ne sait pas, en général, combien offre d'embarras, de soins et de peine la composition d'une statistique, ouvrage singulier, espèce de mosaïque politique, dont un seul homme est incapable de réunir les compartimens, et qui ne peut être bien faite par plusieurs. Montesquieu a comparé l'histoire à une mer qui envahit, chaque jour, de nouvelles plages. Sans doute les statistiques sont des ruisseaux ou des rivières qui portent tribut à l'Océan. Mais pourquoi charger leurs eaux de débris, d'immondices, de sable et de gravier ? Il faut qu'elles coulent pures et limpides dans un lit bien encaissé et proportionné à leur abondance. Quoi qu'il en soit, la *Description historique* due à M. Verninac avait un mérite qui fut apprécié. Le ministre de l'intérieur, M. Chaptal, véritable connaisseur en économie publique, écrivit à l'auteur (1) : « J'ai parcouru avec un grand intérêt un » travail aussi bien fait. Vous avez réuni et classé avec » beaucoup d'ordre un grand nombre de faits impor- » tans. Vous ne vous êtes pas borné à faire connaître les » maux dont ce département a été théâtre et victime, » vous avez indiqué les remèdes. Vous aviez commencé à » les appliquer. Ce que vous observez sera utile à vos » successeurs, et je crois qu'il est bon que Lyon soit » connu tel qu'il est aujourdhui, pour que les bons ci- » toyens se réjouissent, en voyant combien on peut at- » tendre d'une administration sage qui ne précipite pas » sa marche. »

Le ministre parle au préfet de ses successeurs, parce qu'en effet, au moment où la statistique fut livrée à l'impression, M. Verninac avait déjà été nommé ministre plénipotentiaire en Helvétie. On peut croire que sa pleine puissance ne fut pas étrangère à l'organisation de la ré-

---

(1) Lettre du 14 brumaire an IX (5 novembre 1801).

publique du Valais, laquelle ne tarda pas d'avoir lieu. Il resta peu d'années à Berne, et depuis lors il n'a rempli aucune fonction publique.

Passer d'une préfecture à une ambassade, peut être considéré comme un avancement. Ce n'est pas une disgrâce. Mais en sortant de la carrière diplomatique, M. Verninac a-t-il succombé à quelque susceptibilité ministérielle ? A-t-il été privé de la faveur du gouvernement pour s'être montré trop sensible à de séduisans remercîmens politiques (v) ? Je veux l'ignorer. Ce qu'il y a de certain, c'est qu'on ne lui a pas ôté ses fonctions pour défaut de zèle, de dévouement et de capacité. La diète, par reconnaissance, déclara, au commencement de 1805, que, dans ses négociations pour l'indépendance des Valaisans, il avait bien mérité de la république, et lui accorda, pour lui et sa famille, les droits et titres de citoyens du Valais.

Tant que M. Verninac eut des emplois, des dignités, des honneurs, le ciel lui refusa une progéniture qu'il désirait avec ardeur. Aussitôt qu'on lui eut retiré toute gestion publique, il obtint des enfans ; ce qui, n'en déplaise au philosophe Azaïs, est bien plus qu'une compensation. En septembre 1816, il fut élu par l'arrondissement de Gourdon candidat à la chambre des députés, mais il ne fut pas appelé. Il figurait, comme simple fantassin, dans ce qu'on nomme l'aile gauche des armées politiques, qui, constamment en présence depuis dix ou douze ans, ont poussé long-temps de grandes clameurs presque sans coup férir, qui sont rentrées en ce moment dans leurs camps respectifs, s'observent mutuellement, font, par intervalles, de vives reconnaissances sur le terrain, s'y confondent quelquefois, et qui bientôt, je l'espère, finiront par s'entendre et se donner la main.

Le premier préfet du département, notre président, Messieurs, est mort au mois de juin 1822, en songeant à nous. Des voyageurs qui l'ont vu, un peu avant cette époque, dans les contrées où il a reçu et perdu le jour, m'ont assuré qu'il ne cessait de parler de Lyon et de ses habitans avec le plus vif intérêt. On s'attache par ses bienfaits. La mémoire de M. Verninac apportait des jouissances à son cœur. Il aimait à s'entretenir d'un département auquel, selon ses expressions, *il n'appartenait plus que par ses vœux et par les plus affectueux sentimens.*

Comme tant d'autres qui l'ont oublié, Raymond Verninac a pu payer son tribut aux circonstances politiques, dans les violens orages de la révolution. Mais il n'a laissé dans notre pays reconnaissant que la trace du bien qu'il a fait et le souvenir d'un habile administrateur, d'un homme aimable, parce qu'il était spirituel et bon, d'un ami, d'un protecteur éclairé des sciences, des lettres et des arts.

NOTES.

(A) *Le rapport fait à l'assemblée constituante.* **Page 4.**

Deux rapports furent faits, l'un par M. Lescène-Desmaisons, et l'autre par M. Verninac. Dans le premier, l'auteur s'exprime ainsi : « Jetés au milieu d'un peuple » d'accord sur un seul point, le désir de la paix et de » la réunion à l'empire français, mais divisé dans tous » les autres intérêts, dans un pays sans gouvernement, » sans ordre judiciaire, déchiré par toutes sortes de pe- » tites passions, de petits intérêts, de petites rivalités, » des commissaires, seuls objets de la confiance publique, » se sont vus accablés de toutes les espèces d'affaires, de » toutes les espèces de querelles, de toutes les réclama- » tions, et en même temps déchirés, calomniés tour à » tour par tous les partis dont les passions se trouvaient » contrariées.

» Les jours et les nuits ont été occupés pendant trois » mois à éteindre ou à prévenir des haines. Il nous fallait » du courage et des forces plus qu'humaines. Cependant, » malgré tous nos soins, ces haines toujours combattues, » mais non moins actives, en raison même de leur rap- » prochement, ont, en dernier lieu, produit dans la ville » d'Avignon une explosion coupable. Mais les mouvemens » désordonnés d'une commune n'ont aucun effet sur les » quatre-vingts qui composent le Comtat, et les intérêts » privés qui les ont produits, n'ont rien de commun avec » l'intérêt général, etc. »

Dans le second rapport, que le Moniteur n'a pas in- séré, M. Verninac communiqua à l'assemblée le détail des derniers mouvemens qui avaient eu lieu dans le Comtat. Les horreurs de la Glacière ne furent commises qu'après le départ des commissaires médiateurs.

(B) *A la défense des Grecs*. Page 6.

Fénélon s'écrie, dans une lettre qu'on croit adressée à Bossuet (voy. le *Télémaque* de l'édit. de Lefèvre, Paris, 1824, in-8.°, t. I, p. XXVII): « Quand est-ce que le » sang des Turcs se mêlera avec celui des Perses sur les » plaines de Marathon, pour laisser la Grèce entière à la » religion, à la philosophie et aux beaux-arts qui la re-» gardent comme leur patrie ! » Les vœux du digne archevêque de Cambrai n'étonnent que sous un rapport : son exclamation annonce une ame charmée des souvenirs d'Athènes ; mais elle devrait être plus philantropique. On peut désirer que l'ancienne patrie des lettres et de la gloire cesse d'être la proie des barbares, sans désirer en même temps que le sang des Turcs et des Perses soit versé.

(C) *Titre aussi honorable aux évêques*. Page 7.

Article XII des dispositions organiques de la convention du 26 messidor an IX (15 juillet 1801): « Il sera libre aux » archevêques et évêques d'ajouter à leur nom le titre de » *citoyen* ou celui de *Monsieur*. Toutes autres qualifica-» tions sont interdites. »

(D) *Préfet du département du Rhône*. Page 8.

Bien jeune encore, je me permis de lui manifester les vœux publics, dans une pièce de vers qu'il fit publier. MM. Piestre et Revoil, membres de l'académie de Lyon, ont exprimé aussi les vœux et la reconnaissance des Lyonnais, le premier en adressant au préfet des vers qui ont été imprimés, le second en composant un dessin allégorique d'un sujet pris dans l'histoire romaine, *Androclès arra-chant l'épine de la patte du lion*. M. Verninac était représenté sous la figure d'Androclès. Ce dessin fut mis sous les yeux du premier consul, lors de la cérémonie relative à la pose de la première pierre des façades de Bellecour. Il fournit occasion à M. Revoil de peindre un grand tableau, dont le sujet est Bonaparte relevant la ville de Lyon, tableau acheté par le gouvernement et donné à la ville. (*Journal de Lyon et du Midi*, n.° 19, 7 *pluviose an* X).

(E) *Louis I.er*, *roi d'Etrurie*. Page 11.

Le roi et la reine d'Etrurie, sous le nom de comte et comtesse de Livourne, étaient à Lyon le 14 messidor an IX (3 juillet 1801). Ils logèrent à l'hôtel-de-ville dans les appartemens du préfet. Louis I.er, prince de Parme et ensuite roi d'Etrurie, était né le 5 juillet 1773 de don Ferdinand, duc de Parme, et de Marie-Amélie d'Autriche. Il épousa, en 1798, Marie-Louise Joséphine d'Espagne, et fut nommé, en 1801, souverain du nouveau royaume d'Etrurie. Il mourut à Florence, le 29 mai 1803, laissant pour successeur son fils, Charles-Louis II, né le 22 décembre 1799. La reine fut régente ; mais elle perdit son royaume quelques années après, et, en 1808, elle se retira en Espagne avec son fils. Elle passa, dans le mois de janvier de cette année, à Lyon, où elle visita les manufactures et assista au Grand-théâtre. Elle suivit sa famille à Fontainebleau et à Compiègne. Au lieu d'accompagner ses parens à Marseille, elle reçut l'ordre d'aller à Parme. Elle partit, le 5 avril 1809, et « notre voyage, dit-elle, » fut heureux jusqu'à Lyon, où, à mon grand étonnement, » je trouvai que mes gens avaient été envoyés avant moi, et » que l'hôtel où je descendis était entouré par des gen- » darmes. Le commissaire de police nous rendit une vi- » site, et il fut suivi du préfet qui me présenta un ordre » du gouvernement portant que je devais aller à Nice et » non pas à Parme. Le préfet ajouta, d'un air très-pé- » remptoire, qu'il était convenable que je partisse immé- » diatement, quoiqu'il fût alors minuit. Néanmoins nous » obtînmes la permission de rester où nous étions, jusqu'au » matin ; mais ils ne nous quittèrent pas tant que nous » restâmes dans l'endroit. Le commissaire de police resta

» toute la nuit dans l'antichambre et les gendarmes at-
» tendaient en bas. Nous partîmes le jour suivant. etc. »
La reine d'Etrurie voulut s'échapper de Nice : son projet
fut découvert. Condamnée par une commission militaire,
elle apprit que, par la clémence de l'empereur, elle serait
seulement renfermée dans un monastère, avec sa fille,
et que l'on enverrait son fils à son père et à sa mère. On
la conduisit dans un monastère, à Rome ; elle y resta deux
ans et demi, et alla enfin habiter avec ses parens. (Voy.
les Mémoires de la reine d'Etrurie, traduits de l'Italien par
M. Lemierre d'Argi).

(F) *Le quai de la Baleine.* Page 12.

La première pierre de ce quai fut posée par le préfet
le jour de la célébration de la fête du 1.ᵉʳ vendémiaire an IX
(23 septembre 1800). On affecta à cette construction :
1.° les fonds destinés à la célébration de la fête ; 2 ° sept
mille francs qui se trouvaient à la disposition de l'administration, comme provenant d'anciens dons volontaires ;
3.° le produit d'une souscription qui fut ouverte. L'arrêté
du préfet, ordonnant cette construction, fut gravé sur
une planche placée avec la première pierre de fondation.
Cet arrêté était remarquable par la stipulation de sa date
en ces termes : « Fait à Lyon, sous le consulat de
» BONAPARTE, premier consul, de CAMBACÉRÈS, second
» consul, de LEBRUN, troisième consul, le cinquième jour
» complémentaire de l'an VIII de la république (22 sep-
» tembre 1800 (v. s.), le soleil entrant dans le signe de
» la balance, cent jours après la victoire de Marengo,
» remportée par l'armée française, sous les ordres du
» premier consul BONAPARTE, sur l'armée autrichienne ;
» les armées françaises occupant l'Italie, sous les ordres
» du général Brune, depuis les Alpes du nord au midi,
» jusques à la Toscane ; l'Allemagne, sous les ordres du
» général Moreau, du Rhin au Danube ; l'Egypte, sous les
» ordres du général Menou, depuis la mer jusqu'aux ca-

» taractes du Nil; année marquée pour la ville de Lyon,
» par la pose, de la main du premier consul BONAPARTE,
» de la première pierre de la réédification de la place
» Bellecour ; par la fondation de l'athénée, par celle du
» prytanée et celle d'une chaire de chimie expérimen-
» tale, applicable aux arts et aux manufactures. »

Une chose qu'on peut remarquer aussi dans cet arrêté,
c'est que la centralisation ministérielle n'avait pas encore
jeté ces profondes racines qui l'attachent si fortement à
la France, et qu'un préfet ordonnait, lui seul, sans en-
traves et sans les éternels retardemens des bureaux, la
construction d'un quai dont l'utilité ne pouvait être con-
testée.

(G) *Toutes les radiations de la liste des émigrés,* etc. p. 14.

Je trouve, même dans les porte-feuilles académiques,
la preuve des services rendus par M. Verninac, préfet.
Voici l'extrait d'une lettre que lui écrivait, le 20 vendémiaire an IX (12 octobre 1800), M. Camille Basset,
ancien capitaine de vaisseau, membre de l'académie,
section des belles-lettres :

« Permettez, citoyen préfet, qu'au nom de ma famille,
» je vous fasse des remercîmens de la lettre que vous
» avez bien voulu joindre à la pétition pour surveillance
» que l'on vous avait présentée pour mon frère. Elle a eu
» son plein effet. La surveillance a été accordée sur-le-
» champ par le ministre de la police générale. J'espère
» en avoir l'expédition dans peu ; et mon frère aura sû-
» rement l'honneur de vous en témoigner sa reconnais-
» sance, aussitôt qu'il aura le bonheur de se retrouver
» dans sa patrie. »

(H) *A l'angle nord-ouest de la place.* Page 14.

Le consul ayant exprimé son étonnement de ce qu'on
avait désigné l'angle plutôt que la partie centrale de la place
pour la pose de la première pierre de réédification, le

préfet lui répondit, sans hésiter, que cet emplacement avait été préféré, parce que c'était là que Couthon, armé du marteau des Vandales, avait donné le premier signal de la démolition. Cette assertion n'était pas exacte; mais M. Verninac satisfit par sa présence d'esprit à la nécessité de ne jamais paraître en défaut devant le haut personnage qui l'interrogeait. C'est en 1807 qu'à l'angle de la maison dont Bonaparte avait posé la première pierre, on avait placé, du côté du pont de Tilsitt, l'inscription suivante :

LE XXIX JUIN M. DCCC,
BONAPARTE
POSA LA 1.re PIERRE DE CES ÉDIFICES,
IL LES RELEVA PAR SA MUNIFICENCE.

Cette inscription n'existe plus.

(J) *Un fait qui n'est pas indigne d'être publié.* Page 14.

Je citerai encore deux faits qui se passèrent dans la même réunion. Ils peuvent faire naître plus d'une réflexion :

M. Decombles d'Anton demanda au premier consul un sauf-conduit pour son fils, afin de faire reviser le jugement qu'avait rendu contre celui-ci la cour criminelle de l'Isère, et qui le condamnait à la peine de mort. Decombles fils avait tué le nommé Targe qui, disait-il, avait brûlé son château d'Anton en 1789. Le premier consul répondit au père : « Je ne puis pas accéder à votre demande. Ou votre » fils est coupable, ou il ne l'est pas : dans le premier cas, » il doit rester où il est, et tâcher de faire oublier son » crime : dans le second, qu'il se présente à la cour qui » l'a jugé, et on lui rendra justice. »

M. Caminet, juge à la cour d'appel de Lyon, réclama une indemnité pour des cuivres enlevés par les troupes, à l'époque du siége de cette ville, dans une fabrique de verdet, qu'il possédait à la Guillotière. « Je me souviens, » lui dit le consul, qu'à mon retour d'Egypte, vous m'avez

» déjà parlé de cette affaire, et je vous dis alors que si
» l'état était tenu d'indemniser tous ceux qui ont souffert
» pendant le régime qui venait de finir, la valeur du sol
» entier de la France ne suffirait pas pour acquitter les
» pertes. C'est une bombe qui est tombée sur une maison
» et l'a réduite en cendres. »

(K) *Cette médaille fut gravée par Mercié.* Page 15.

C'est l'effigie de Bonaparte avec cette légende : *A Bonaparte réédificateur de Lyon.* Dans l'exergue on lit :
R. Verninac, préfet, au nom des Lyonnais reconnaissans.
Au revers, une couronne de chêne entoure cette inscription : *Vainqueur à Marengo, deux fois conquérant de
l'Italie, il rétablissait la place Bellecour, désormais
Bonaparte, et en posait la première pierre le 10 messidor
an VIII de la république, premier de son consulat. 1800. v. s.*

M. Verninac fit graver et frapper une autre médaille :
C'est une Renommée planant au-dessus du monde. A sa
trompette est suspendu un étendard sur lequel on lit : *Aux
braves du département du Rhône.* L'exergue contient ces
mots : *Préfet Verninac, 25 mess. an VIII;* sur le revers on
a placé l'inscription suivante :

IL SERA ÉLEVÉ

DANS CHAQUE DÉPAR.

UNE COLONNE A LA MÉM.

DES BRAVES DU DÉP. MORTS POUR

LA DÉF. DE LA PATRIE ET DE LA LIB.

CONSULS

BONAPARTE, CAMBACÉRÈS,

LEBRUN.

MINISTRE DE L'INTÉR.

LU. BONAPARTE.

Les braves, en France, ont toujours tenu tout ce qu'ils
promettaient ; mais on n'a pas toujours rempli les pro-
messes qui leur étaient faites. Les colonnes départemen-

tales n'ont pas été érigées. C'est en vain que M. Cochet, architecte, membre de l'académie de Lyon, remporta, sur quatre cents concurrens, le grand prix proposé pour le meilleur projet de ces monumens. La première pierre de la colonne du Rhône a été seule posée avec les cérémonies d'usage, au milieu de la place des Terreaux. On y joignit la médaille que je viens d'indiquer. Voilà les *Saumaises* futurs bien embarrassés. Lorsque, dans quelques siècles, le hasard fera découvrir cette médaille dans les entrailles de la terre, personne ne voudra croire qu'on n'avait pas élevé un monument consacré par des médailles de cuivre, d'argent et d'or, dont l'exécution avait été ordonnée par acte de l'autorité, et qui était si bien mérité par la gloire.

(L) *Quelques passages à l'histoire inédite de l'académie de Lyon.* Page 15.

L'histoire de l'académie royale des sciences, belles-lettres et arts de Lyon depuis la fondation de cet établissement en 1700 jusqu'à nos jours, sera livrée à l'impression, lorsque le nombre des souscripteurs, déjà considérable, couvrira les frais de l'édition (2 vol. in-8.° 12 f.)

(M) *Nommé président.* Page 18.

En cette qualité, M. Verninac envoya des diplômes aux associés et aux correspondans de l'académie. De leurs réponses flatteuses, je ne citerai que l'extrait suivant :

« Je m'honorais dans des temps antérieurs de tenir à
» l'académie d'une ville aussi célèbre et qui méritait autant
» de l'être.

» Je la félicite aujourd'hui de vous avoir pour préfet.
» Vous avez vu la Grèce sous la domination des Turcs ;
» vous en connaissez mieux tous les avantages des sciences
» et des beaux-arts. Vous avez vu par vous-même dans
» quelle dégradation peut tomber un peuple qui cesse de
» les cultiver. Et je vous félicite vous-même d'être le

» préfet d'une ville aussi industrieuse, d'une ville qui a
» tant souffert, d'une ville où il y a autant à réparer,
» que le malheur rendra plus sensible au bien que vous
» lui ferez, et qui vous offrira par le génie actif de ses
» habitans une multitude de ressources qu'on ne trouve-
» rait nulle part ailleurs Elle semble destinée par sa po-
» sition et par ses deux rivières à être l'une des plus
» belles, des plus riches cités du monde. Je l'ai vue dans
» un temps où, par des travaux immenses, elle se pré-
» parait à l'emporter en beauté sur les villes les plus re-
» nommées : ses places, ses beaux édifices, ses longs quais,
» sont encore présens à ma mémoire, etc.

« Paris, 9 brumaire an IX (31 octobre 1800). »

P. Ph. Gudin de la Brenellerie,
auteur d'un poëme sur l'astronomie.

(N) *Il doubla le prix*. Page 18.

Le sujet de ce prix était proposé en ces termes :
« 1.° Indiquer les substances minérales, animales et
» végétales, qui peuvent fournir le principe colorant,
» applicable aux soies, cotons, lins, chanvres, laines,
» papiers ;
» 2.° Exposer les procédés pour extraire, fixer, aviver
» les couleurs que peuvent fournir les substances simples
» indigènes qui ne sont pas encore connues dans l'art de
» la teinture. »

Le prix était double. Il consistait en deux médailles d'or
de 300 f. chacune, dont la seconde était fournie par M.
Verninac. Ce sujet proposé pour l'an IX (1800-1801) fut
remis au concours pour l'an X. Le prix n'a pas été dé-
cerné.

Le sujet de l'autre prix, dont M. Verninac fit les fonds,
était la *satire des romans du jour, considérés dans leur*
influence sur les mœurs et le goût de la nation. Ce prix,
qui consistait en une médaille d'or de 600 fr., fut dé-

cerné en l'an X (1801-1802), à M. Millevoye , jeune poète, qui, enlevé trop tôt aux Muses, n'en a pas moins inscrit son nom sur leurs autels.

(O) *Aucun détail d'administration intérieure n'échappait à sa vigilance.* Page 18.

On discutait sur la forme des fauteuils académiques. Quelqu'un proposa de figurer une lyre dans le dossier de chaque siége : *Gardons-nous-en bien* , dit M. Verninac, *il ne faut pas qu'un académicien se mette la lyre à dos.* Je ne sais pas si ce jeu de mots spirituel est, de nos jours, indigne d'une notice historique ; mais Plutarque l'aurait cité.

(P) *M. le baron Rambaud a fait triompher.* Page 18.

Le conseil municipal de Lyon a exprimé , dans sa séance du 9 septembre 1825 , sur le rapport de M. le baron Rambaud, maire, un avis d'après lequel ce magistrat doit faire immédiatement à l'académie de Lyon la *remise* de tous les livres , manuscrits , bustes et autres objets provenant de la bibliothèque Adamoli, ou qui seraient reconnus appartenir à l'académie. Cette délibération a été approuvée, le 10 octobre suivant , par M. le comte de Brosses, préfet du département. Déjà une partie de cette restitution de livres a été faite à l'académie par M. Poupar , bibliothécaire de la ville. Lorsque toute la bibliothéque académique aura été rendue , ainsi que *tous les rayons en planches et fermetures grillées en forme d'armoire* , légués par Adamoli, ou que le corps municipal aura suppléé , selon sa justice et par des moyens dignes de lui , à ces agencemens dont la ville a disposé, la bibliothèque sera ouverte au public. L'académie en fera les honneurs gratuitement. Est-ce trop de deux établissemens de ce genre dans une ville qui contient, avec ses faubourgs, plus de cent quatre-vingt mille ames ? Il y avait ici autrefois quatre bibliothèques publiques. L'académie de Lyon est bien persuadée que M. de Lacroix-Laval, nouveau maire, mettra le plus grand empressement à l'accomplissement du vœu municipal fondé sur l'équité. Ce magistrat, ami de la religion, sait bien que « de toutes les » religions qui ont jamais existé, la religion chrétienne » est la plus poétique, la plus humaine, la plus favorable » à la liberté, aux arts et aux lettres ; que le monde mo- » derne lui doit tout, depuis l'agriculture jusqu'aux » sciences abstraites, depuis les hospices pour les mal- » heureux jusqu'aux temples bâtis par Michel-Ange et dé- » corés par Raphaël (1). » Il favorisera donc un établissement consacré aux sciences et aux lettres qui sont un des premiers besoins de la civilisation actuelle. La compagnie a reçu de M. l'abbé Lacroix, un de ses membres, quatre beaux monumens des arts : elle continuera sans doute à éprouver, pour le nom de Lacroix-Laval, des sentimens de reconnaissance qu'elle se croira toujours heureuse de manifester.

(Q) *Une épître en vers.* Page 19.

Epître d'Héloïse à Abailard, nouvellement traduite de l'anglais, de Pope. A Paris, de l'imprimerie de L. G. Michaud, 1813. in-8.°

Cette épître est dédiée à S. E. M. Barlow, ministre des États-unis d'Amérique.

Elle est traduite plus littéralement par M. Verninac que par Colardeau. Celui-ci n'a fait qu'une imitation libre. Une fidélité trop scrupuleuse au texte a quelquefois des inconvéniens. Pope avait dit :

Give what thou kanst, j will dream the rest.

M. Verninac a traduit ainsi, avec beaucoup de précision :

» Donne ce que tu peux, je rêverai le reste.

______

(1) Châteaubriand.

Mais il y a bien plus de goût et de noblesse dans l'imitation de Colardeau :

Couvre-moi de baisers, je rêverai le reste.

(R) *Voyage à la côte de Troie.* Page 19.

Un extrait de ce voyage fut lu, au nom de l'auteur, par
M. Roux, secrétaire perpétuel, dans une séance publique
de l'académie de Lyon, le 25 août 1807. « Plusieurs de
» nos collègues, dit le secrétaire, en commençant sa
» lecture, avaient fourni, pour cette séance, des mé-
» moires intéressans et utiles. Tous en ont fait le sacrifice,
» pour laisser à cette assemblée le plaisir d'entendre un
» nouveau fragment de celui qui nous enchantait, il y a
» quelques années, par ses beaux vers sur *les jardins de
» Chantilly.* Nous devions d'ailleurs, cet hommage de pré-
» férence, au souvenir des éminentes qualités et des bien-
» faits d'un magistrat que nous regardons à juste titre
» comme un second fondateur de l'académie. »

M. Verninac peint la mélancolie qui s'empara de son
ame, lorsque le vaisseau qui le portait, s'éloignant de
Constantinople, doubla la pointe du sérail, cette demeure
mystérieuse, dont le nom, par un contraste particulier,
réveille toutes les idées de terreur et de volupté. « Je quit-
» tais, pour ne plus les revoir, ajoute-t-il, ces sites d'Europe
» et d'Asie, les plus beaux du monde : je ne devais plus
» jouir du spectacle de ce mélange infini de peuples si
» divers, de peuples maintenus dans une paix profonde,
» malgré l'opposition de leurs intérêts, l'antipathie de
» leurs institutions, et leurs inconciliables préjugés. » Les
temps ont bien changé depuis le passage de l'auteur.

Il retrace avec beaucoup de charme tous les grands souvenirs historiques qui, dans ces lieux, s'offrent à son
esprit. Il passe deux fois le Simoïs à gué. Au lieu où s'élevait la superbe Troie, gît maintenant l'humble village de
Bounar-Bachi, posé à mi-côte, et dominant la plaine,

l'Hellespont et la mer Egée. M. Verninac va reconnaître les sources du Scamandre. D'épais roseaux environnent comme autrefois l'urne mystérieuse du Dieu ; et si l'usage voulait toujours que les jeunes fiancées de la contrée allassent s'y baigner avant le mariage, on y pourrait tendre encore des piéges, comme le fit jadis un jeune Athénien, à la crédulité pieuse des nouvelles Callirhoé.

Tout auprès des sources est le jardin de l'aga ou seigneur du lieu, là même où les voyageurs placent les jardins de Priam. C'est, en effet, dans cette situation qu'ils ont dû exister : car la nature l'a comblée de ses faveurs. Un terrain plein de mouvement, des eaux claires et vives, la vue d'une plaine singulièrement diversifiée, et du mont Ida, la perspective de la mer Egée, incessamment sillonnée par les vaisseaux qui parcourent l'Hellespont, celle de la Chersonnèse, des îles de Ténédos, d'Imbros, de Samothrace, et même du sommet de l'Athos ; tels sont les avantages propres à ce paysage. Quels tableaux ne tireraient point de ces précieux élémens le génie qui disposa les beautés d'Erménonville, et qui inspira notre compatriote Morel !.....

On remarque dans Bounar-Bachi des fragmens de frises et de chapitaux maçonnés dans des murs : « Je vis aussi, continue M. Verninac, près de la maison de l'aga, plusieurs colonnes de granit enfoncées de quelques pieds dans la terre ; et des Turcs auxquels je demandai d'où elles provenaient et à quel usage elles avaient été placées là, me répondirent qu'elles y existaient de temps immémorial et qu'on les y avait mises pour que les vaches pussent se frotter contre en revenant du pâturage. C'est savamment conclure du fait à la cause ; mais, ô génies immortels qui couvrîtes la Grèce de monumens, etc. »

Je ne veux pas me laisser entraîner plus loin par l'auteur, malgré l'intérêt qu'offre son ouvrage, surtout dans les circonstances présentes ; je regrette de ne pouvoir citer sa belle traduction en vers du passage où Lucain raconte

que César, poursuivant sur les mers Pompée échappé à la déroute de Pharsale, a fait céder pendant un moment ce soin important au désir de visiter la Troade. Je terminerai par le morceau suivant : « L'aga Méhémed a succédé à
» l'infortuné Priam ; il jouit d'un revenu d'environ cent
» mille livres. Je me disais, en le voyant indolemment
» couché sur son sopha dans les lieux où furent jadis les
» palais des enfans de Tros : Si cet Asiatique avait lu Ho-
» mère et Virgile ; si les vicissitudes auxquelles la contrée
» qu'il gouverne a eu part depuis 3,500 ans, époque des
» combats livrés pour la belle Hélène, lui étaient con-
» nues ; s'il savait l'histoire étrange de la longue réaction
» de l'Europe sur l'Asie et de l'Asie sur l'Europe, avec
» quelle fierté il jouirait de la destinée qui, dans sa per-
» sonne, venge l'Asie de la destruction de Troie, des dé-
» routes de Marathon, de Platée et de Salamine et de la
» conquête d'Alexandre ! Combien l'ignorance nuit à nos
» plaisirs et au développement des sentimens les plus doux
» au cœur humain ! Et quelle serait la jouissance de ce
» satrape, si les états du Grand Seigneur, étant coupés de
» belles routes, comme celles de France, il voyait visités
» de ce que l'Europe a d'hommes cultivés et de femmes
» polies, ses heureux domaines qui, jamais, grâce au
» génie du poète divin, ne seront désenchantés ! »

(s) *Il faut songer au muséum de machines.* Page 20.

M. Eynard, le vénérable doyen de l'académie de Lyon, a fait imprimer, en 1819, un *Projet de pétition à Monsieur le Maire de la ville de Lyon, pour le rétablissement d'un conseil d'administration au conservatoire des arts.* Il s'y plaint avec amertume de la vente d'une collection de machines qui existait dans le palais du commerce et des arts, et qui contenait, *entre autres, le beau métier de M. de la Salle, unique dans son genre, par la multitude de ses accessoires.* « C'est peut-être la première fois, dit-
» il, qu'on a vu un établissement public vendre ainsi des

» objets donnés par des particuliers ou des associations.
» Le bel encouragement à offrir à ceux qui seraient tentés
» de se faire les bienfaiteurs de cet établissement ! » L'auteur fait remarquer que, dans un conservatoire des arts
de la ville de Lyon, il faut placer en première ligne les
métiers et machines qui tiennent de si près à la prospérité
de ses fabriques ; qu'on devait en augmenter le nombre
et en prendre soin. « Alléguera-t-on que des machines plus
» nouvelles, plus perfectionnées, les ont remplacés avec
» avantage dans les ateliers ? Qu'on aille donc voir si dans
» le conservatoire des arts de la capitale, on a dédaigné
» d'y recueillir tant de machines anciennes transportées
» du Louvre et du dépôt de la rue de Charonne ! S'il en
» eût été autrement, les débris du métier de Vaucanson
» pour dispenser du tireur de lacs, n'auraient pas été
» rassemblés par Jacquard ; cet artiste n'aurait pas conçu
» l'idée de cette belle mécanique à laquelle il a attaché
» son nom ; les fabriques de Lyon n'auraient pas joui des
» prodigieux développemens qu'elles ont successivement
» reçus, et qui ont donné une si grande extension à la
» multiplication de leurs produits. Qui peut ignorer que,
» dans les arts mécaniques comme dans les arts libé-
» raux, la réunion des chefs-d'œuvre du génie excite,
» échauffe et développe le génie ? »

Un dépôt public, dans les bâtimens St-Pierre, de toutes
les machines compliquées servant aux manufactures, avait
été vivement sollicité par le conseil municipal de Lyon et
par le conseil général du département du Rhône. Voyez,
1.º *Rapport fait au conseil municipal par le citoyen
Mayeuvre, sur les établissemens qui peuvent raviver les
arts et les manufactures de Lyon.* An IX, Lyon, Amable
Leroy, in-4.º, 20 pag. ; 2.º Observations sur le commerce, adoptées par le conseil général du département
du Rhône, dans sa séance du 26 germinal an IX. Lyon,
Ballanche et Barret, an IX, in-4.º, 16 pag. Ces observations ont été rédigées par M. Vouty de la Tour.

(T) *Lyon fut fondé tout juste en 711.* Page 21.

A l'occasion du fameux incendie qui consuma Lyon vers la 4ᵉ année de l'empire de Néron, plusieurs auteurs anciens ont déploré la perte d'un nombre infini de temples magnifiques, de théâtres immenses, d'aqueducs, de cirques, de bains, de palais, de superbes statues parmi lesquelles il faut compter les soixante statues érigées au confluent par les soixante nations des Gaules. Sénèque s'écrie : *Tot pulcherrima opera, quæ singula illustrare urbes singulas possent, una nox stravit. Lugdunum quod ostendebatur in Gallia, quæritur. Una nox interfuit inter urbem maximam et nullam. Civitas arsit opulenta, ornamentumque provinciarum,* etc. Et cette cité opulente, cette ville la plus grande, *urbs maxima,* et tant de chefs-d'œuvre des sciences, des arts, de l'industrie, du luxe et de la magnificence, auraient été le fruit d'à peine cent ans d'existence ! Il faut convenir que nos ancêtres les Viennois n'auraient point perdu de temps.

Strabon, qui vivait du temps d'Auguste et de Plancus, dit, en parlant des habitans de Lyon : *Nam et usui magno est illis emporium.* Le commerce s'exerçait donc à Lyon avant que Plancus vînt dans la Gaule. Ce fait me paraît démontré dans l'ouvrage de l'abbé Bertholon, qui est intitulé : *Du commerce et des manufactures distinctives de la ville de Lyon,* et qui a remporté, en 1784, le prix fondé par l'abbé Raynal, au jugement de l'académie de cette ville. « Ce qui confirme, dit l'auteur, notre sentiment sur » la grande antiquité de la ville de Lyon, c'est que du » temps de la seconde guerre des Romains contre les Car- » thaginois, deux cents ans environ avant la naissance de » J. C., elle était déjà connue, selon le témoignage de » Polybe, de Tite-Live et de Plutarque. Il suffit de citer » ce dernier. *Annibal castra movit, et per ripam Rhodani,* » *adverso flumine profectus, paucis diebus pervenit ad lo-* » *cum quem insulam Galli vocant : hanc Arar et Rhodanus*

,, *amnes ex diversis montibus confluentes efficiunt. Ibique*
,, *nunc Lugdunum est celeberrima Galliæ urbs quam longis*
,, *postea temporibus à Planco Munatio conditam fuisse*
,, *accipimus.* ,,

Le mémoire de l'abbé Bertholon, imprimé à Montpellier
en 1787, et contenant 220 pages, peut, ainsi que les
autres ouvrages envoyés au concours, être consulté avec
beaucoup d'avantage pour la statistique du département
du Rhône.

(U) *Le projet insensé de détruire Lyon.* Page 21.

M. A. M. D'Eymar, préfet du Léman, pensait aussi que
la ville de Lyon était plus ancienne que Plancus et qu'il
était impossible de la détruire. Il écrivait à M. Verninac :
« Une ville dont la fondation se perd dans la nuit des
» temps, célèbre par les grands hommes qu'elle a vu
» naître, intéressante par les mœurs et le caractère de ses
» habitans, une ville si remarquable par les fleuves qui
» baignent ses murs et par l'une des belles situations que
» les hommes aient pu choisir pour y fixer leur demeure,
» Lyon faisait, il y a dix ans, l'admiration de l'Europe
» et avait rendu le monde entier tributaire de ses manu-
» factures et des chefs-d'œuvre de son industrie. Des bar-
» bares, dont la mémoire est vouée à une éternelle exé-
» cration, ont vainement essayé de la détruire de fond
» en comble. Vainement ils ont amoncelé les décombres
» dans ses places publiques et entassé les cadavres dans
» les champs qui l'avoisinent. Ces temps affreux ne re-
» viendront plus ; les jours réparateurs ont commencé de
» naître, etc.

(v) *Séduisans remercîmens politiques.* Page 23.

Dans l'*Annuaire nécrologique* de 1822, M. Mahul assure
que les sentimens républicains de M. Verninac le tinrent
éloigné des fonctions publiques. Je ne partage pas cette
opinion. M. Verninac avait été ministre du roi en Suède ;

il avait servi le premier consul ; et chacun sait comment Bonaparte s'est joué de la république et des républicains. Pendant son consulat, le mot *république* était gravé en lettres d'or sur le pavillon des Tuileries " Je laisse, di-
,, sait-il, le mot de *république* sur les murs de ce palais,
,, comme on met au bas d'un portrait qui n'est pas res-
,, semblant, le nom de la personne qu'il est censé repré-
,, senter. ,,

La Suisse fit à M. Verninac des remercîmens, plus utiles que séduisans, qui donnèrent lieu à un procès.

Les états de Fricktal avaient autorisé le sieur Sahrlender, leur président, à distribuer des indemnités et récompenses aux personnes qui avaient secondé les intentions du gouvernement français, en abolissant les dîmes et les droits féodaux dans les pays situés sur la rive gauche du Rhin.

A l'époque de l'exécution de cette mesure bienfaisante, M. Verninac remplissait auprès de la république helvétique les fonctions de ministre du gouvernement français.

En août 1802, le président des états de Fricktal lui écrivit la lettre suivante :

" Monsieur, les états désirent que vous gardiez un
,, souvenir d'un pays pour lequel vous avez tant fait ; ils
,, vous supplient de permettre qu'ils vous offrent un service
,, d'argenterie : je mets en conséquence à vos ordres une
,, somme de 48,000 f. chez M. Catoire, banquier à Paris,
,, dont nous vous supplions de disposer. ,,

M. Verninac ayant témoigné le désir de recevoir en numéraire les fonds destinés à faire confectionner le service d'argenterie qu'on lui donnait, toucha une première somme de 24,000 fr.

Quelque temps après, et par suite d'une organisation nouvelle, les états de Fricktal annullèrent les pouvoirs donnés aux sieurs Sahrlender et Catoire. Le conseil du canton d'Argovie rejeta la demande en remboursement formée par ce dernier, qui agit alors contre M. Verninac et qui fut déclaré non-recevable , attendu qu'en payant la lettre de crédit dont il avait reçu avis , il n'avait pas suivi la foi de l'ancien ministre de France en Helvétie , et que ce ministre n'avait contracté aucune obligation envers Catoire.

Le jugement rendu par le tribunal de première instance de la Seine , le 25 juillet 1807 , fut confirmé par un arrêt de la cour de Paris, inséré dans le journal de Lyon du 1.er mars 1810.

FIN.

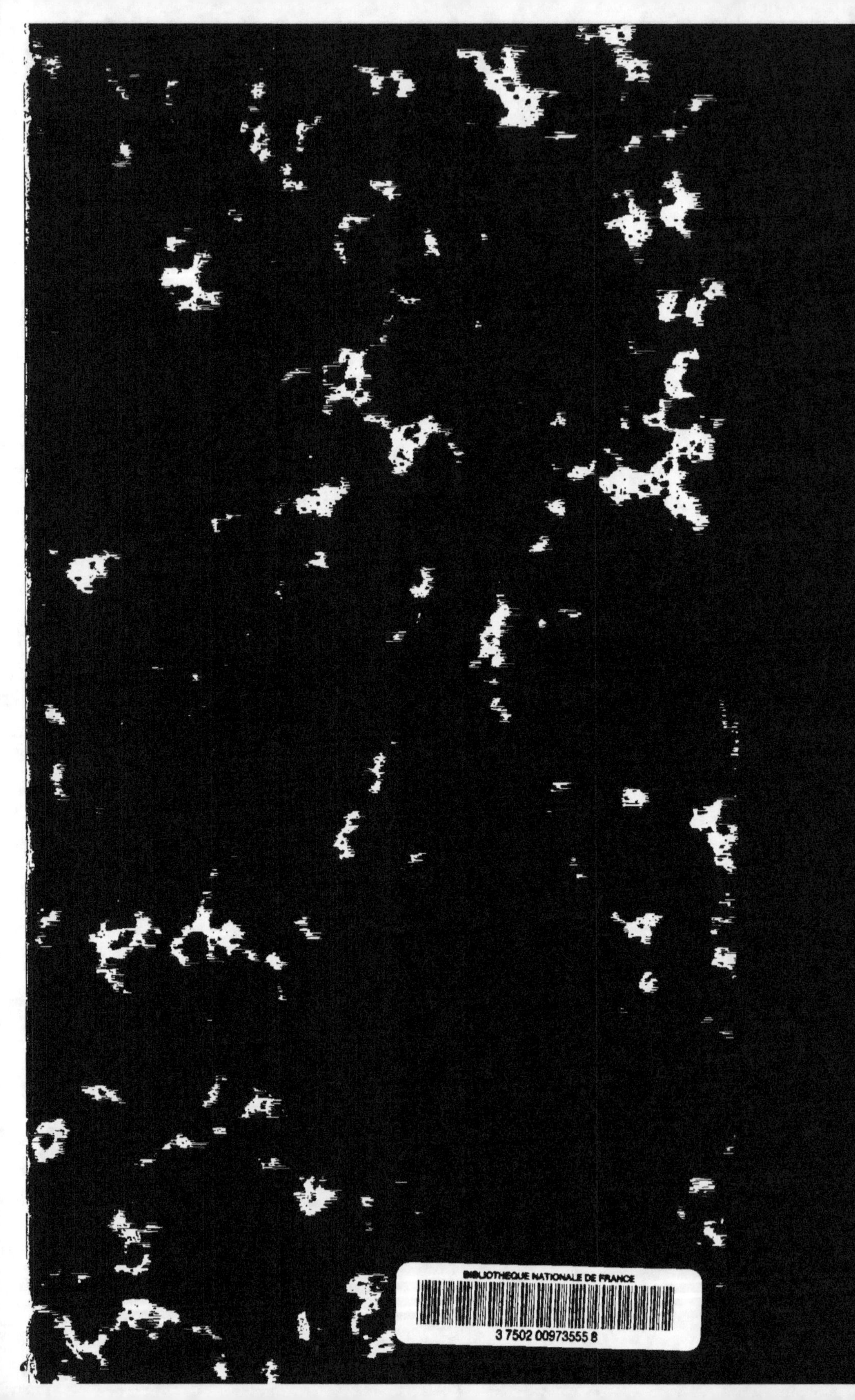